AUF DIE PLÄTZE, *glücklich*, LOS!

arsEdition

Du kannst anderen GLÜCK SCHENKEN,
ohne es selbst besitzen zu müssen.

GLÜCK IST DEINE BESTIMMUNG!

Sei du selbst – du bist einzigartig!

Kopien gibt es schon genug.

Am REICHSTEN
sind die Menschen,
die auf das MEISTE
VERZICHTEN können.

WEISHEIT AUS INDIEN

Glück ist ein Stern,
der am Tag leuchtet.

GLÜCK

entsteht oft durch Aufmerksamkeit
in kleinen Dingen,

UNGLÜCK

oft durch Vernachlässigung
kleiner Dinge.

WILHELM BUSCH

Wenn du es dir **VORSTELLEN** kannst,
kannst du es auch **TUN.**

Glück *ist die Zeit,*
in der man sie vergisst.

IM GLÜCK
DER ANDEREN
STECKT AUCH
dein Glück.

DAS
WAHRE GLÜCK IST:
GUTES
ZU TUN.

SOKRATES

JOHANN WOLFGANG VON GOETHE
Glücklich
allein
ist die Seele,
die liebt.

Wer loslässt,
hat seine Hände frei!

GLÜCKSMOMENTE AUFSAUGEN,

TIEF EINATMEN UND IM HERZEN
IN EINE SCHATZTRUHE LEGEN.

Glück ist,

**wenn du dich
am Vormittag schon
von Herzen über etwas
gefreut hast.**

HUMOR ist,
wenn du trotzdem
lachst.

DAS LEBEN
IST ZU KURZ,
UM ES MIT SORGEN
ZU VERBRINGEN.

DEIN HERZ
IST GRÖSSER,
ALS DU DENKST.

Steh zu
DEINEN
WÜNSCHEN!

SPÜRE DEIN HERZ!

Dankbarkeit ist der passendste Schlüssel zum

Glück.

Jeder Tag hält einen **Atemzug voll Glück** für dich bereit.

Und noch einen. Und noch einen.

GLÜCK IST DIE SUMME SCHÖNER MOMENTE.

BUDDHA
Das Glück
liegt in uns,
nicht in
den Dingen.

Die meisten Katastrophen,
die in deinem Kopf leben,
werden nie eintreten.

Ist das nicht fabelhaft?

Die meisten Menschen wissen gar nicht,
wie **SCHÖN** die Welt ist und wie viel Pracht in
den **KLEINSTEN DINGEN,** in irgendeiner Pflanze,
einem Stein, einer Baumrinde oder
einem Birkenblatt, sich offenbart.

RAINER MARIA RILKE

Wer tanzt,

HAT KEINE ANGST!

GLÜCK
IST KOSTENLOS,
ABER
UNBEZAHLBAR.

Hinter den Wolken
scheint die Sonne.
NIEDERLÄNDISCHES SPRICHWORT

ES IST NIE ZU SPÄT,
DER MENSCH ZU WERDEN,
DER MAN SEIN WILL.

Blauer Himmel.
Grüne Wiese.
Bunte Blumen.

Glücksmomente überall!

Sei MUTIG und folge
DEINER
INTUITION!

Tempo rausnehmen.

Tiefdurchatmen.

Lächeln.

GUT DING BRAUCHT

GLÜCK.

Glück ist das einzige, das sich verdoppelt, wenn man es teilt.

ALBERT SCHWEITZER

DIE QUELLE DEINES GLÜCKS
BIST DU SELBST.

Kleiner Geheimtipp zum Glücklichsein:

Was dich nicht glücklich macht, kann weg!

Es sind die
KLEINEN
AUGENBLICKE,
die dein Herz zum
Lächeln bringen.

Das Herrlichste der Welt ist,
EINEN NEUEN TAG
ZU SEHEN.
Maxim Gorki

Wenn du

das Glück

begreifen willst,
musst du es als Lohn
und nicht als Ziel
verstehen.

ANTOINE DE SAINT-EXUPÉRY

Love it,
change it
or
leave it!

ES GIBT WICHTIGERES IM LEBEN,

als beständig dessen Geschwindigkeit zu erhöhen.

MAHATMA GANDHI

Ich will singen, wie die Vögel singen,
ohne mich zu sorgen, wer zuhört
oder was sie denken.

RUMI

LIFE
BECOMES
EASIER
when you enjoy it!

EIN SCHRITT
NACH DEM
ANDEREN.

GLÜCK MACHT MUT.

JOHANN WOLFGANG VON GOETHE

Das Glück kommt
zu denen,
DIE LACHEN.

WEISHEIT AUS JAPAN

Man kann auch aus
Elefanten Mücken machen!
Wie das geht?
MIT GELASSENHEIT!

Pausen sind wichtig und gesund!

Leg heute die Beine hoch und lass deine Seele baumeln.

DU DARFST
FEHLER MACHEN,
▸▸▸▸▸▸▸▸▸▸▸▸
WIE ALLE ANDEREN
MENSCHEN AUCH.

Lebe dein Leben so,
als ob alles zu **deinen Gunsten**
ausgelegt wäre.

RUMI

Das Glück

wartet schon
auf dich.

DU HAST ALLES, WAS DU BRAUCHST,
bereits in dir!

Innehalten.
Einatmen.
Deinen Körper spüren.
Ausatmen.

Sonnenschein
macht glücklich!

Glück

IST EIN ERGEBNIS
DEINER INNEREN
EINSTELLUNG.

GLÜCK
BRAUCHT
MUT!

Wer noch nie einen Fehler gemacht hat,

hat noch nie etwas Neues versucht.

Albert Einstein

Das Glück wartet
vielleicht hinter der
nächsten Ecke auf dich.
SIEH DOCH MAL NACH!

Die meisten Menschen sind so *glücklich*, wie sie es sich selbst *vorgenommen* haben.

ABRAHAM LINCOLN

Male dir aus, wie dein
Leben sein wird, wenn
deine Herzenswünsche
in Erfüllung gehen!

Es gibt keinen Weg zum Glück.

GLÜCKLICHSEIN IST DER WEG.

BUDDHA

Du darfst loslassen!
Dann hast du wieder Platz für Schönes in deinem Herzen.

Jeder
glückliche Moment
verdient Dankbarkeit.

FÜR WAS BIST DU HEUTE DANKBAR?

Das Glück erkennt man nicht mit dem Kopf, sondern mit **dem Herzen.**

WEISHEIT AUS NORWEGEN

NICHTS
GROSSES IST JE

OHNE BEGEISTERUNG

GESCHAFFEN
WORDEN.

RALPH WALDO EMERSON

DU LÄCHELST,
UND DIE WELT
LACHT ZURÜCK.

GROSS DENKEN.
WILD TRÄUMEN.
MUTIG LIEBEN.

In uns selbst liegen
die Sterne unseres Glücks.

Heinrich Heine

LASS DEINEN
VERSTAND KLOPFEN,
DEIN HERZ DENKEN
UND DEINE AUGEN
HÖREN!

RAUS AUS DEM AUTOPILOTEN,

REIN INS LEBEN!

Du hast alles Glück der Welt verdient.

Ja, genau du!

VERTRAUE AUF
DEIN GLÜCK –
und du ziehst
es herbei.
Lucius Annaeus Seneca

WENN DICH DIE WELT ÜBERRUMPELT, HEISSE DAS CHAOS WILLKOMMEN.

Dein Herz
ist dein
KOMPASS!

ERLAUBE DIR,
FEHLER ZU MACHEN UND
DARAUS ZU LERNEN.

Selbst in den vollsten Kopf passen ein paar

Flausen!

Das Leben ist schön!

**Glücklich bist du,
wenn du abends sagen
kannst:**

*Heute habe ich
mich lebendig
gefühlt.*

WENN WIR MIT FLÜGELN GEBOREN WERDEN,
SOLLTEN WIR SIE ZUM FLIEGEN NUTZEN.

FLORENCE NIGHTINGALE

Da es sehr förderlich für die Gesundheit ist, habe ich beschlossen,

glücklich zu sein.

VOLTAIRE

Wenn dir das Leben
Zitronen gibt, mach
Limoncello daraus!

Es wird mal wieder Zeit
für ein

NEUES ABENTEUER!

Bemale die Steine,
die man dir
in den Weg legt,
und baue damit
eine Villa
KUNTERBUNT!

Mit Geduld,
Mut und Liebe
schaffst du
alles!

UMGIB DICH MIT
MENSCHEN, DIE DEIN
HERZ BERÜHREN.

GLÜCK
IST EIN PARFÜM,

das du nicht auf andere sprühen kannst,
ohne selbst ein paar Tropfen
abzubekommen.

Ralph Waldo Emerson

Gönn dir Ruhe!
In der Ruhe findest du
neue Inspiration und Energie.

Was auch immer du
dir gerade vorgenommen hast:

Du schaffst das!

Lachen

ist das beste
Bauchmuskeltraining.

Dein Leben
findet heute statt.
Verpass es nicht,
sondern lass dich voll
und ganz darauf ein.

Doppeltes Glück:

SICH MIT ANDEREN MITFREUEN KÖNNEN.

GLÜCK
IST EINE REISE
OHNE ZIEL.

Denk daran:

Du darfst dir Zeit lassen und die Dinge in deinem eigenen Tempo erledigen.

Das Glück steckt im Detail.

Schau dich achtsam und aufmerksam um, damit diese Details dir nicht entgehen.

Nimm das Leben
nicht zu ernst,
NIEMAND KOMMT HIER LEBEND RAUS!

Tanze,

UND DIE WELT TANZT MIT DIR!

Der Weg liegt nicht im Himmel.
DER WEG LIEGT IM HERZEN.
Buddha

Wunder sind überall!

Das Vergleichen ist
das **Ende des Glücks**
und der Anfang der
Unzufriedenheit.

SØREN KIERKEGAARD

AUF DIE PLÄTZE,
glücklich,
LOS!

Pssst – ein Glücksgeheimnis:

Heiße jeden Tag willkommen, wie er ist! Wenn er nicht so läuft, wie du willst, kannst du immer noch etwas daraus lernen.

AM ANFANG STEHT
DER MUT, AM ENDE
das Glück!

JEDER TAG IST
EIN TAG, UM DAS LEBEN
ZU FEIERN!

DEINE ZUFRIEDENHEIT HAT DIE ZAUBERKRAFT,

alles in Gold zu verwandeln,
das du berührst.

DEINE WÜNSCHE GEHEN IN ERFÜLLUNG,
WENN SIE AUS DER
Tiefe deines Herzens
KOMMEN.

Gestaltung Cover: Grafisches Atelier, arsEdition GmbH
Gestaltung Innenteil: Andrea Högerle
Text: Ulrike Zika

Bildnachweis Innenteil: www.shutterstock.com: S. 2: Tanya Shulga, S. 3: MR.SUWAT RITTIRON, S. 4: YRABOTA, S. 5: EmerLin, S. 6: NataliaZa, S. 7: Maxim Blinkov, S. 8: missis, S. 9: jakkapan, S. 10: BK666, S. 11: art of line, S. 12: Brown Camel Studios, S. 14: Natalia Deriabina, S. 15: Anna_Sokol, S. 16: stockcreations, S. 17: lenaer, S. 18: PHOTOCREO Michal Bednarek, S. 19: Anna_Sokol, S. 20: natashamam, S. 21: mattponchik, S. 22: Nadia Grapes, S. 24: anik.art, S. 25: KraEnis, S. 27: Daniel Rodriguez Garriga, S. 28: ANEK SANGKAMANEE, S. 30: SasaStock, S. 31: memej, S. 32: Thalang Itsaranggura, S. 33: Lifestyle Travel Photo, S. 34: icemanphotos, S. 35: Yamurchik, S. 37: icemanphotos, S. 38: GoodStudio, S. 39: Alex Levine Photography, S. 40: peeraporn kwanprom, S. 41: Dernkadel, S. 42: tamago design, Vectorpic, S. 43: icemanphotos, S. 44: iJeab, S. 45: Net Vector, S. 46: kasakphoto, S. 47: Ksusha Dusmikeeva, S. 48: GoodStudio, S. 49: 777Anna777, S. 50: Cvandyke, S. 51: Bogomolova Irina, S. 52: Favebrush, S. 53: Agnes Kantaruk, S. 55: mythja, S. 57: Romanova Ekaterina, S. 58: SviatlanaLaza, S. 59: Angie Makes, S. 60: LI SEN, S. 61: Exporter, S. 62: Dina Mae, S. 63: Olga_C, S. 64: Viewvie, S. 65: Sandra_M, S. 66: Dark Moon Pictures, S. 67: Ksusha Dusmikeeva, S. 68: Nadia Grapes, S. 69: FUN FUN PHOTO, S. 70: sripfoto, S. 71: Kwangmoozaa, S. 72: oksanka007, S. 73: LedyX, S. 74: Suzanne Tucker, S. 75: Exporter, S. 76: Duet PandG, S. 77: Olga_C, GoodStudio, S. 78: Artnis, S. 79: Efetova Anna, S. 80: Daniela Iga, S. 81: HannaTor, S. 82: KuLouKu, S. 83: Nadya Galanicheva, S. 84: LilaloveDesign, S. 85: Elena Ray, S. 86: Irma Vernight, S. 87: Olga_C, xnova, S. 88: Kogorash, S. 89: iravgustin, S. 90: loveallyson, S. 91: Ann Muse, S. 92: WorldStock-Studio, S. 93: Ann.and.Pen, S. 94: Tally18, S. 95: Jenny Sturm, S. 96: Vaclav Volrab, S. 97: memej, S. 98: xnova, S. 99: IgorZh, S. 100: osip Ninkovic, S. 101: xnova, S. 102: Tanya Shulga, S. 103: Olga_C, kram-9, S. 104: Artlusy, S. 105: Background All, S. 106: kukurund; Getty Images: S. 13: mammuth, S. 23: OpheliaX, S. 26: Pannawish Jarusilawong, S. 29: Olesia Bekh, S. 36: nadyaillyustrator, S. 54: Trifonov_Evgeniy, S. 56: the_burtons

ISBN 978-3-8458-6666-6

www.arsedition.de

FSC
www.fsc.org
MIX
Papier | Fördert gute Waldnutzung
FSC® C100431